JN408998

임계각

CRITICAL ANGLE

CRITICAL ANGLE (임계각)

1쇄 찍음 2006년 2월 1일
1쇄 펴냄 2006년 2월 5일

지은이 하진덕
펴낸이 김태봉
편 집 황은진, 김주영
삽 화 NAMU
영업팀 박상필, 김미란
등 록 제5-213호
펴낸곳 한솜미디어
주 소 (우143-200) 서울시 광진구 구의동 243-22
전화 / (02)454-0492, 팩시밀리 (02)454-0493
HomePage: http://hansom.co.kr

값 7,000원
ISBN 89-5959-019-3 03810
*잘못 만들어진 책은 구입하신 서점에서 친절하게 바꿔드립니다.

임계각

CRITICAL ANGLE

하진덕 글 / NAMU그림

지구상에서 다른 생명체에 비해 비교적 늦게 출현한 인간이 오늘날과 같은 문명을 이룰 수 있었던 것은 여러 가지 이유가 있을 것이다. 직립보행, 언어, 불과 도구의 사용 등 다른 생물 개체군과 비교해서 두드러진 특징을 가진 것에 기인한다고 할 수 있겠지만 무엇보다 절대적으로 영향을 끼친 것은 인간의 상상력이라고 믿는다. 지능은 원숭이나 돌고래도 갖고 있지만 문명을 이루는 것이 불가능하다. 그런 동물들은 상상의 능력이 없고 다만 판단만 한다. 상상력은 인간만이 갖고 있는 고유한 능력이다. 상상력이 없이 어떻게 기존 사고의 틀을 뛰어넘는 것이 가능하겠는가? 지능은 단지 상상력을 실현시키고 그 결과를 활용하는데 이용될 뿐이다. 소위 천재라고 불리는 사람들 중 많은 사람들의 예술적 창작물이나 과학적 결과물이 대부분이 30세 이전에 이루어졌던 것을 보면 기존의 제도적 혹은 이론적 틀을 뛰어넘어 그들의 자유분방한 상상력을 거리낌 없이 펼칠 수 있는 나이가 그때였기 때문일 것이다. 이렇게 인류의 문명이 한 단계씩 도약할 때마다 인간의 상상력이 공헌한 바가 절대적이지만 현실은 그렇지 못한 것 같다. 철통같이 견고해 보이는 선배들의 이론이나 성과를 찬양하고 경외하기를 마다하지 않는다. 어느 누가 감히 그 빛나는 업적에 이의를 달 수 있었겠는가? 각각의 개인이 나이가 들고 삶을 영위하기 위해서 우리는 기존의 제도나 이론을 이용하거나 하다못해 적응이라도 하고 살아야 하는 것이 현실이며 그래서 우리는 의식적으로나 무의식적으로 점점 상상력을 퇴화시켜 왔던 것은 아닐까? 지금 당장이라도 개인들이 속한 조직사회에서 엉뚱한 상상력을 발휘해 보라! 십중팔구 돌아오는 것은 조롱과 비난일 테니. 그럼에도 아직까지는 우리에게 상상의 자유가 주어져 있다. 철학 혹은 종교와 같은 형이상학적 도그마는 잠시 잊어버리고 어린애같이 상상해 보자.

"상상하고 상상하라.

상상할 자유가 주어졌을 때 마음껏 상상하라!"

동화가 아이들에게 꿈과 상상력을 키워 주듯이 이 책을 쓰는 동안 상상력이 퇴화된 나의 뇌 어느 구석에서 힘겹게 삐걱거리며 움직이는 상상의 톱니바퀴가 조금은 돌아가는 소리를 들을 수 있었다.

차례

임계각

CRITICAL ANGLE

거 울

1일

"네, 어떤 문제가 있으신지요?"

"아, 제 문제는?"

"네, 말씀하시죠. 성함이 허상 씨네요.
긴장 푸시고 뭐든지 말씀해 보세요."

“아. 저 그게…. 내가 이상한 것인지, 아니면 뭐가 잘못된 것인지 잘 모르겠는데요. 저는 여기 사람이 아닌 것 같아요”

허상이 A의 방에 들어온 지 5분 만에 조용하고 단호하게 말을 시작한다. A는 벽에 걸려있는 시계를 보며 오늘 고교 동창모임에 늦을 것 같다고 생각한다.

"그럼, 여기 사람이 아니면 어디를 말씀하시나요?"

"어디인가 하면, 그게… 여기는 제가 살던 곳이 아니고"

"혹시 기억이 나지 않는 것 같은 느낌이 드시나요?"

"그런 것은 아니고, 언제부터인지 이 세상 사람이 아닌 것 같은 생각이 드는데…."

"아. 그러면 혹시 허상 씨의 영혼이 떠도는 느낌이 드는 것인가요?"

"그건 아니고, 이 곳 사람이 아니라는 말씀입니다."

"다른 나라 사람이라고 생각하세요? 제가 보기엔…."

"그런 게 아니고요. 다른 세상 말입니다. 여기는 모든 게 뒤집혔어요. 모든 게."

"저도 가끔 세상이 정말 거꾸로 돌아가는 게 아닌가 싶을 때가 있죠. 뭐가 어떻게 돌아가는지 도무지 알 수 없을 때가 종종 있죠. 주로 어떨 때 그런 걸 느끼시나요?"

"항상!"

허상은 A의 눈을 똑바로 쳐다보며 말을 계속한다.

"도무지 알 수가 없습니다. 모든 것이 뒤집혀 있어요. 왼쪽은 오른쪽으로, 오른쪽은 왼쪽으로. 글씨도 제대로 읽을 수가 없고, 시계를 보고 시간을 알려면 한참 생각해야 되거든요."

허상은 눈에 핏발을 세우며 목소리가 커진다.

"그렇게 느끼시는 게 언제부턴가요?"

"느끼는 게 아니고 사실입니다. 모든 게 뒤집혔어요. 이거 한번 보세요."

허상은 주머니에서 손거울을 꺼내 보인다.

"이게 없으면 아무 것도 못 읽어요. 내가 쓴 글자도 이 거울이 없으면 남들이 못 알아보고…."

"그럼 글자를 뒤집어 쓴다는 말씀입니까?"

"나는 똑바로 쓰는데, 남들이…. 아무튼 며칠 안됐어요. 그리고 뭘 먹어도 소화도 안 되고 정말 저 좀 어떻게 해주세요. 어제는 파출소에 가서 나 좀 집으로 돌려보내달라고 했다가 혼났어요. 정신병원에나 가 보라고 그러더군요. 그래서 한번 와 봤어요. 정말로 내가 어떻게 된 것은 아닌지…. 아무도 제 말을 믿지 않아요."

"글자를 거꾸로 쓰는 것은 배우거나 연습한 적이 있습니까?"

"아직도 제 말을 이해 못하시는군요. 원래 쓰던 대로 쓰는데 남들이 못 알아본다니까요. 그런 걸 왜 배우고 연습합니까?"

'편집증인가?'

A는 생각한다.

'누군가 자기를 죽이려고 하거나 미행한다고 여기를 찾아오는 사람도 있고 모두들 숨어서 자기 얘기만 한다고 오는 사람도 있지만 이 사람은 뭐지?'

BEER &FOOD
NAMU

동창회는 파장 분위기다.

A는 구석에 자리 잡고 앉는다.

"야! A"

"어 잘 있었냐? 너 병원은 잘 돼?"

같은 병원에 있다가 지난 달 안과병원을 개원한 B가 옆자리로 비집고 들어와 앉는다. 벌써 약간 취했는지 기분 좋아 보인다.

"어. 정신없지 뭐. 잘 되고 말고 할 게 뭐 있냐? 시작한 지 얼마나 됐다고. 넌 좀 어때? 요즘도 또라이들 하고 잘 노냐?"

"야 임마! 또라이가 뭐야. 다 정상인하고 똑같아. 조금 상담이 필요할 뿐이지. 내가 보기엔 네가 지금 제정신이 아닌 것 같다."

"그래? 그럼 나랑 상담 좀 해봐."

"됐어 임마. 그건 그렇고, 눈에 대해서 뭐 좀 하나 물어보자."

"뭔데?"

NAMU.

"사람이 어느 날 갑자기 모든 게 뒤집혀 보일 수 있는 거니?"

"있지. 열 받으면. 그땐 물하고 불하고 못 가리게 되지. 히히."

"야. 농담 말고, 실제로 눈에 좌우가 바뀌어 보일 수 있냐구?"

이때, 동창회 회장이 마지막 건배 제의를 해서 대화가 끊긴다.

밖에 나와서 다시 B를 붙들고 조용한 카페를 찾아 들어가서 마주 앉는다.

"뒤집혀 보일 수 있니? 어느 날 갑자기?"

A는 앉자마자 묻는다.

"이 자식 심각하네. 야, 안과질환이면 나한테 보내. 안과환자 정신병자 만들지 말고. 안과 전문의도 아니면서 짜식."

B는 아직도 농담이 하고 싶은 모양이다.

"저, 편집증 환자가 한 명 있는데, 이 사람이 자기 눈에 모든 것이 좌우가 뒤집혀 보인데 아니 뒤집혔대. 그리고 글씨를 쓰는데 정말 뒤집어 쓰더라구. 이 친구 아예 손거울을 갖고 다녀. 그게 없으면 아무 것도 못한데. 그건 배우거나 혼자 연습한 것도 아니라는데 말이야. 이런 환자는 처음이야. 들어본 적도 없어. 그래서 안과적으로 문제 있나 해서 물어보는 거야."

B가 그제야 조금 진지한 표정을 한다.

"원래 우리 망막에는 모든 게 뒤집혀서 비춰지지. 옛날 구식 카메라 알지? 사진관에서 사진사가 검은 천 뒤집어쓰고 찍는 거. 거기 비춰지는 거 보면 그림이 뒤집혀서 보이거든. 우리 눈도 똑같아."

"알지. 그건, 시신경 세포가 망막에 비춰진 상을 다시 뒤집어서 뇌로 전달하지. 아니 뇌에서 뒤집던가? 아무튼, 야 나도 의사다."

A가 답답하다는 듯이 B에게 말한다.

"그런데, 그 과정에서 뭔가 잘못되면 망막에 뒤집혀 비춰진 상이 그대로 전달될 수 있을 것 같은데. 한번 알아볼까?"

B가 흥미 있다는 듯이 말한다.

"그러면 상하좌우 뒤집는 메커니즘도 같이 이상이 생겨야지, 어떻게 좌우로 뒤집는 것만 그럴 수 있어?"

A가 의아하다는 듯이 묻는다.

“어? 아아, 그건 말이지…. 음, 내일 그 환자 나한테 보내봐.” B는 귀찮다는 듯이 대답한다.

B는 취기가 많이 올라와서 더 대화를 나누지 않고, 자리에서 일어나 헤어진다.

2일

"안녕하세요. 아저씨?"

존재는 A를 '선생님'이 아니고 '아저씨'라고 부른다. 언제부터 존재와 상담을 시작했는지 A는 통 기억이 나질 않는다. 정확히 말하면 무슨 문제로 언제 누가 데리고 왔는지도 생각이 나질 않는다. A는 이 아이가 자기를 상담하는 것 같은 생각도 든다.

“그래. 어서 와라”

“아저씨 어제 술 먹었어요?”

“응. 고등학교 동창회가 있었어.”

“친구들 많이 만났어요? 재미있었어요?”

“아니, 늦어서 조금만 있다가 왔어.”

“왜 늦었어요? 아저씨는 응급환자도 없으면서.”

“어제 마지막 환자 상담이 좀 길어져서”

“무슨 환자인데 오래 걸렸어요?”

“그게, 그러니까, 편집증 환자 같기도 하고, 안과 질환 환자 같기도 하고, 좀 이상한 환자였어. 오후에 또 올거야.”

“그 아저씨 보고 싶은데 그때까지 여기 있으면 안 되나요?”

“넌 그 환자가 남자인지 여자인지도 모르면서 아저씨라고 하니? 오늘은 내가 일이 좀 많은데 그만 가 볼래?”

"저는 아저씨하고 얘기를 많이 하고 싶은데, 아저씨는 저를 바로 보내려고 하세요? 보고 싶은데, 그 아저씨…. 갈게요."

존재는 뒤도 안 돌아보고 휙 나가버린다.

'제는 몇 살이나 됐을까?'

그러고 보니 존재의 부모에 대해서도 A는 아무것도 모른다는 것이 새삼스럽다.

30 CRITICAL ANGLE

"오늘은 좀 어떠세요? 이직도 식사하기 힘드십니까?"

"뭘 먹어도 소화가 안 돼요. 그건 그렇고, 제 눈은 이상이 없는 거죠? 좀 알아보셨나요, 선생님?"

허상이 초췌한 얼굴로 조심스럽게 물어본다.

"예, 그게 제 생각에 허상 씨의 눈은 이상이 없는 것 같습니다. 저는 그 소화불량이 걱정이 되는데… 내과 검진을 받아보시는 것이 좋을 것 같아요."

A는 허상의 건강상태가 먼저 걱정스럽다. 식사를 못한 지 며칠이 됐는지도 모른다니.

"요즘 매일 악몽을 꿉니다."

허상이 악몽에서 막 깨어난 듯한 표정으로 말을 한다.

"꿈에서 거울을 보면 거울 속에 제 모습이 사라지고 없는 거예요. 거울을 안 보려고 애를 쓰다가 결국에는 거울을 보게 되죠. 그러면 틀림없이 거울 속에 제 모습이 사라지고 없습니다. 그러면 비명을 지르고 잠에서 깨죠. 정말 잠들기 싫어요."

허상은 정말로 잠을 설쳤는지 피곤해 보인다.

"그래도 허상 씨는 항상 손거울을 가지고 다니지 않습니까? 그건 괜찮습니까?"

"아아, 이거요?" 허상이 손거울을 꺼내 들고 자신을 비춰본다.

"지금은 아무렇지 않죠. 오히려 저한테는 꼭 필요한 물건이고…, 그런데 꿈에서는 왜 그런지 모르겠어요."

A는 거울과 관련된 질환을 떠올려 보다가 그만둔다.

"저는 이 거울을 보면 안정이 돼요."

허상이 거울을 보며 말한다.

"거울 속 세상이 내가 있어야 할 곳처럼. 이 속은 모든 것이 제대로 되어 있거든요. 글자도 정상이고, 시계도 똑바로 가고, 거울 속에 있는 제 모습이 진짜 허상입니다. 그런데 만약 거울 속에서 제 모습을 볼 수 없다고 생각해 보세요. 그건 제가 사라진 거죠."

허상은 정말 진지하다.

"선생님. 제가 있을 곳은 바로 이 속이라구요. 이 거울 속."

'도대체 허상은 무엇이 문제일까?' A는 처음 보는 허상의 증상에 호기심과 의문이 동시에 커져가는 것을 느낀다.

내일 내과 검진부터 하고 오라고 다시 한번 허상에게 말한다.

3일

"허상 아저씨는 어때요?"

존재가 천연덕스럽게 묻는다.

"니가 그 환자 이름을 어떻게 아니?"

"그냥 알아요. 어디 몹시 아픈 사람 같던데…. 그 아저씨 죽어요?"

"그 정도는 아닐 것 같고, 며칠 동안 소화불량으로 고생하고 있어. 오늘 내과검진 받고 오라고 했어."

A는 허상의 증세가 정말로 걱정된다.

"그건 그렇고, 넌 학교 안 다녀?"

"전 학교 안 다녀요. 그 대신 여기 오면 돼요."

존재가 빙그레 웃는다.

"허상 아저씨 얘기나 해 주세요."

"그 환자는 좀 특이한 점이 많아. 그래서 좀 이상한 생각이 들어."

A는 허상을 떠올리며 말한다.

"자기가 이 세상 사람이 아니래. 모든 게 뒤집어졌고, 거울을 통해서만 세상이 똑바로 보이는 사람이야. 글자도 좌우를 뒤집어서 쓰고. 써 있는 글도 거울을 봐야 읽을 수 있데."

"믿으세요? 그 아저씨가 하는 말. 아니면 정말로 심각한 증상이에요?"

존재가 눈을 반짝이며 묻는다.

"모르겠어. 그거 말고는 이상한 점은 없거든. 좀더 알아봐야 할 것 같아."

"아저씨도 거울을 한번 자세히 보세요. 그 안에 정말로 또 하나의 세상이 있는지. 그래야 허상 아저씨하고 상담할 수 있죠. 정말로 거울 속에 여기랑 똑같은 세상이 있을지도 모르죠."

"야, 거울은 그냥 빛이 반사돼서 우리 눈에 들어오는 허상일 뿐이야. 무슨 동화같은 소리를 하니?"

A는 기가 막힌다는 듯이 말했다.

"아저씨"

존재가 말을 끊는다.

"왜?"

"그러면 거울을 볼 때 우리가 헛것을 본다는 건가요? 허상이면?"

"그게 아니고, 학교에서 그렇게 배웠지. 너는 학교를 다니지 않으니 모르겠지만."

"아저씨는 지금까지 보고 배우고 경험한 걸 모두 믿어요? 뭔가 다른 게 있을 것이라는 의심 같은 거 해본 적 없어요?"

"뭐 별로 없는데. 혹시 내가 잘 모르고 있는 거라도 있다는 거야?"

"정말로 상담이 필요한 사람은 아저씨 같은데요?"

"다시 올게요. 그리고 걱정 마세요. 허상 아저씨에 대해서는 아무한테도 말하지 않을게요."

존재가 가면서 한마디 한다.

"거울을 잘 보세요. 아저씨."

"내과에는 들리셨습니까?"

A는 허상을 의자에 앉게 하고 묻는다.

“네, 이것저것 무슨 검사를 많이 하던데요. 사진도 많이 찍고.”

A는 내과에서 넘어온 검사결과 파일을 열어보고 내과 과장에게 전화를 건다. 허상은 A의 전화통화가 길어지는 것을 보고 내심 불안해진다. 통화가 끝난 뒤 A가 허상에게 말한다.

“내일 내과에 가시면 자세한 얘기를 듣겠지만, 일단 허상 씨는 영양실조 증세가 좀 있고, 먼저 제가 한 가지 물어보죠. 무엇보다도 좀 특이한 케이스 같은데, 혹시 전에 기형진단 받은 적 없나요?”

“없는데요? 어디가 기형입니까?”

허상이 당황해 말한다.

“그건 제가 지금 말씀드릴 수 있는 건 아니고, 내일 내과에서 자세한 검사결과를 들어 보시죠.”

"그건 그렇고, 어제도 그 거울 꿈을 꾸었나요?"

"매일 꿉니다. 똑같은 내용이죠, 내 모습이 사라진 거울을 보는…. 그것보다 선생님, 저 너무 배가 고픕니다. 그런데 뭘 먹어도 전혀 소화가 안 되고, 요즘엔 콜라 밖에는 먹을 수 있는 게 없어요."

"콜라는 소화가 됩니까?"

"소화가 되는지 어쩐지 잘 모르겠는데, 콜라는 마시고 나면 그래도 좀 견딜만 해요."

"처방해 드린 약은 효과가 있나요?"

"그 약 먹으면 조금 안정은 되는 것 같은데, 먹을 때 뿐이죠."

A는 잠자리에 누워서 내과 과장과 통화했던 내용을 떠올리고 점점 더 알 수 없는 혼란으로 빠진다. 허상은 심장을 비롯해서 간이며 모든 장기의 위치가 좌우가 바뀌어져 있는 매우 특이한 기형이다. '어떻게 그런 사실을 허상은 여태 몰랐을까?' 왜 콜라와 처방해준 약만이 몸에 흡수되고 모든 음식은 그대로 배설되는지 A는 알 수가 없다. 거울을 보라는 존재의 말이 계속 A의 머리에 맴돈다.

의 혹

4일

"거울 좀 보셨어요?"

존재가 웃으며 묻는다.

"아니. 거울은 무슨."

A는 존재의 해맑은 얼굴을 보며 불현듯 존재의 내장도 한번 확인해 보고 싶은 생각이 든다.

"너 혹시 이 세상 사람이 아닌 것 같은 생각이 들지 않니?"

A가 장난스럽게 묻는다.

"그럴 수도 있을 것 같네요."

존재도 농담인지 진담인지 모를 말을 하며 묘한 표정으로 A를 바라본다.

"혹시, 우리가 아직도 발견하지 못한 정글이나 무인도에 우리와 같은 수준의 문명인이 살고 있지 않을까?"

"아저씨 상상력은 겨우 무인도나 정글밖에는 안 되나요?"

"왜? 내 수준이 낮아?"

"지구 밖으로는 그 상상력을 넓혀볼 생각은 없어요?"

"지구 바깥쪽이면 화성이나, 목성 그런 곳 말이니? 그런 곳에서는 사람은 고사하고 생명체가 있는지도 밝혀진 게 없잖아. 우주 멀리 가면 모를까?"

"하하하. 아저씨는 제가 지금 외계인 얘기를 한다고 생각하는 거죠?"

존재가 소리내 웃는다.

"아저씨. 이런 거 한번 생각해 보세요. 거울에 비춰진 세상과 똑같은 모습의 행성이 어디인가에 있다고. 그것이 어디인지는 모르지만, 내가 거울을 보면 나와 같은 모습의 누군가도 그 행성에서 동시에 거울을 보고 있다고 말이죠. 그래서 거울을 통해 서로 마주보는 거죠. 거울에 비춰진 모습이 자신이라고 생각하면서."

"존재야. 너 상상력이 너무 지나친 거 아니니? 오늘부터 정말로 나랑 상담 좀 해야 할 것 같은데?"

"왜요?"

존재가 의외라는 듯이 쳐다본다.

"우주에 지적 생명체가 사는 행성이 있을 가능성에 대해서는 나도 부정하는 것은 아니지만…, 그 중에 지구와 동시에 생겨나서 똑같은 진화과정을 동시에 거치고 그리고 모든 우연적으로 생긴 결과도 동시에 발생하고 지금의 나와 똑같이 병원에서 꼬마 여자아이랑 이런 이야기를 주고받는 사람이 있는 행성이 있다고 생각하는 것은 좀 심한 상상 아닐까?

좋아. 그런 행성이 있다고 치자. 그럼 허상 씨가 그 곳에서 어떻게 왔다는 말이니? 무슨 엄청난 우주선이라도 타고 왔나? 지구에 그런 우주선이 없으면 거기도 없을 텐데."

"오 오, 아저씨 흥분했네. 꼭 그렇다는 게 아니고요. 그럴 가능성에 대해서 생각해 보자는 얘기죠. 허상 아저씨한테는 거울이 고향을 볼 수 있는 유일한 창문이나 모니터 같은 것일지 몰라요. 글자를 거꾸로 읽고 쓰고, 모든 장기의 위치도 좌우가 바뀌었다면 기형보다는 오히려 딴 세상 사람이라고 생각하는 게 맞을지도 모르죠."

"너 허상 씨가 기형이라는 건 또 어떻게 알았어?"

"전 뭐든지 다 알고 있어요. 아직도 저를 모르세요? 아저씨는 좀 열린 마음으로 세상을 바라볼 필요가 있어요. 학교에서 뭘 가르치는지 모르겠지만, 배운 게 전부는 아니지요. 사람이 우주에 대해서 알면 얼마나 안다고 생각하세요?"

존재는 조금도 주저 없이 말을 이어간다.

"하나만 예를 들게요. 지구가 태양을 중심으로 돌고 있죠? 혹시 태양 건너편에는 뭐가 있는지 아는 게 있나요? 지구가 생길 때 우연히 동시에 두 개가 생겨서 나머지 하나는 태양 건너편에서 돌고 있다면, 동시에 생겼으니 모든 변화도 동시에 진행됐다면 어떻게 되는 거죠?"

“야. 그건 말도 안돼. 그런 쌍둥이 지구가 있다면 벌써 발견됐을 거야.”

“그럴까요? 태양 빛이 저렇게 눈부신데 그게 보일까요? 태양을 뚫고 보일까요? 사람이 지구 밖을 나갔다고 해도 기껏해야 달까지 고, 그 이상은 멀리 나가본 적이 없는데요? 그런데 뭘 얼마나 알까요? 사람들이 이것저것 많이 알아냈다고는 하지만 실제로 지구 밖을 나가서 확인한 것은 달밖에는 없는데… 그것도 잠깐.”

“….”

A는 할말이 없어진다.

“저는 가볼게요.”

NAMU.

허상은 뒤바뀐 내장에 대한 정밀검사가 필요하고 무엇보다 영양 실조의 원인파악을 위해서 입원한다. 아무것도 소화시킬 수 없는 그는 간신히 영양제 주사로 버티고 있는데, 이것도 투여된 양의 반 밖에는 체내로 흡수되지 못한다.

REStaurant
REStaurant

A는 고등학교에서 물리교사로 있는 친구 C에게 전화로 만날 약속을 정하고 나간다. 저녁에 식사가 끝나고 해어지기 전에 A는 물어보고 싶은 것을 C에게 말한다.

“혹시 지구 공전궤도상에 태양 건너편에 지구 말고 다른 행성이 또 있을 수가 있나?”

“글쎄. 그렇지 않다는 증거가 필요한가? 아니면 그럴 가능성에 대해서 뭐라고 말 못하겠지? 직접 가서 확인한 것도 아니고.”

“그러면, 만약에 그런 행성이 있는데 우리가 발견 못할 수도 있나? 태양빛에 가려서.”

“그렇지는 않을 것 같아. 왜냐하면, 지구가 태양을 공전하지만 이게 원이 아니고 타원 궤도거든. 타원 궤도에서는 공전 속도가 일정하지 않아서 빨랐다 느려졌다 하지. 태양하고 제일 가까울 때 제일 빠르고, 태양하고 제일 멀 때 제일 느리지. 그렇기 때문에 두 행성이 태양을 중심으로 일직선상에 놓여있을 경우는 별로 없을 것이고, 지구와 같은 공전 궤도에 행성이 하나 더 있다면 성능 좋은 망원경으로 벌써 발견했을 거야. 그리고 사람이 태양 건너편을 확인 할 수도 있기는 있지. 직접 가지 않고도 말이야."

"태양에 가려서 안 보일 텐데."

A는 의아한 듯이 말한다.

"그렇기는 한데 평상시는 안 되고 일식 때 가능하지."

"아아. 빛이 태양을 지날 때 회절하니까 볼 수 있겠구나."

A는 좀 안다는 기분으로 말한다.

"어… 그게 아니고, 이게 좀 설명이 그런데, 중력이라는 놈은 우주 공간을 휘게 만들거든. 그래서 태양 중력 때문에 태양을 지나는 빛은 태양 쪽으로 휘어져서 지나게 되지. 그래서 태양 건너편에 태양에 가려진 곳의 빛이 지구에 도달할 수 있지. 태양 건너편에 뭔가 있다면 볼 수 있을 거야. 그런데 또 다른 행성 같은 것이 관찰되었다는 얘기는 들어보지 못 했는걸? 그림으로 그리면 빛의 회절과 비슷하지만, 근본적으로 다른 것이지. 이건 수십 년 전에 과학

자들이 직접 관찰한 적도 있어.”

“뭔가 있는지 알아보려고?”

“뭔가 있는지 알아보려고 한 건 아니고, 태양 중력에 의해서 빛이 휘어진다는 것을 확인하기 위해서 일식 때 망원경으로 관찰 했지.”

“그래서?”

“별의 위치가 있어야 할 곳과 차이가 났어. 그래서 태양 중력이 태양 주변의 공간을 휘게 해서 빛의 경로가 휜다는 것이 증명됐지.”

“음…그렇구나. 뭔가가 있는지는 밝혀진 것이 아니고. 그런데 우주 공간이 휜다는 것은 또 무슨 소리야?”

“그게 그러니까 뭐냐 하면, 기본적으로 모든 중력은 공간, 아니 정확히 말하면 시공간을 구부린다는 이론인데 빛도 중력에 의해서 휘어진 시공간을 따라 그 경로가 휘어진다는 것이지. 그리고 중력이 강하면 휘는 정도도 커지는데 어떤 것은 중력이 엄청나게 커서 시공간을 휘는 정도도 무지막지해서 주변의 모든 것이 그 안으로 빨려드는 경우도 있어."

"음. 그렇구나, 그런데 시공간은 또 뭐야?"

"그건 간단히 말하면 공간과 시간이 별개로 존재하는 것이 아니고, 3차원 공간에 시간을 포함에서 4차원 시공간이라고 하는 것이지, 이것은 물리학자들이나 하는 말이고 우리가 살아가는 데에는 별로 상관없어."

"정말 상관없어?"

"그렇지. 타조가 갈매기의 하늘을 안다고 해서 타조가 살아가는 데에 무슨 상관이 있겠어?"

A는 생각한다.

'갈매기의 하늘이라….'

5일

"열린 마음으로 모든 것을 받아들일 준비가 되셨어요?"

존재가 상냥하게 묻는다.

"태양 건너편에 지구와 똑같은 행성이 있을 가능성은 없어."

존재는 그저 웃으면서 A가 말을 계속하기를 기다린다.

A는 C가 한 얘기를 존재에게 열심히 설명한다.

"아아. 그렇겠구나. 그래도 직접 가서 아무것도 없다는 것을 눈으로 확인한 건 아니죠."

NAMU.

"그건 그렇지만, 직접 가서 봐야 증명이 되니?"

"그럼 아저씨는 허상 아저씨가 편집증 환자라고 생각하세요? 아저씨. 그럼, 태양 건너편 말고 이 은하에 지구와 똑같은 행성이 있을 가능성은요? 아니면 다른 은하, 아니 우주 어디엔가는요?"

"너 솔직히 뭐가 알고 싶은 거니?"

"제가 알고 싶은 것은 아저씨가 허상 아저씨를 어떻게 생각하는지에요. 제가 말했지요. 저는 모든 것을 알고 있다고. 저는 모든 것을 알고 있지만 지금은 허상 아저씨에 대해서는 뭐라고 말할 수가 없어요. 그건 전적으로 아저씨의 믿음에 달려있어요. 허상 아저씨가 지구와 똑같은 어떤 행성에서 왔다고 믿으면 그럴 가능성이 생기는 것이고, 편집증 환자라고 생각하면 허상 아저씨는 편집증 환자가 되는 거죠. 그리고 영양실조로 죽어갈 수밖에 없어요. 그러면 저는 이제 더 이상 여기 올 필요가 없게 되죠."

"그래도 사람의 생각과 판단으로 받아들일 수 없다면 가능성을 배제하는 것이 합리적인 것 아닐까?"

"아저씨는 무슨 법률가 같은 말을 하네요. '증거가 없으면 무죄다' 이런 것처럼."

"밝혀지지도 않고 가능성도 희박한 것까지 일일이 다 염두에 둔다면 너무 골치 아프지."

"그렇다면 이 세상 모든 것이 사람의 생각으로 인해서만 있는 것인가요? 이 우주가 사람의 생각이 투영돼서 이루어진 것이라는 얘기인가요? 사람에게 의미도 없고 사람이 생각할 수도 없는 것은 우주에 없다고요?"

"투영됐다는 것이 아니고…. 좋아, 허상 씨가 어디엔가 있는 지구와 똑같은 행성에서 왔다고 치자. 그렇다면 허상 씨를 어떻게 그곳으로 보낼 수 있지? 자기가 어떻게 왔는지도 모르는데?"

“왔다면 분명히 갈 수 있어요.”

“….”

“아저씨 신용카드 있어요?”

“있지. 그건 갑자기 왜?”

“어디에 있어요?”

“여기.”

A는 안주머니에서 지갑을 꺼내려고 한다.

“아니, 꺼내지는 말고요. 어제 저녁에 아저씨 친구랑 식사할 때 사용한 이후에 아직 확인하지 않았죠?”

“그렇기는 하지?”

A는 안주머니에서 지갑을 다시 꺼내려고 한다.

“잠깐만 기다리세요. 카드가 아직 아저씨 지갑에 있다고 장담하세요?”

"그럼."

"몇 퍼센트나 확신하세요?"

"한 99.99퍼센트"

"그러면 나머지 0.01퍼센트는 뭐죠?"

"그거야 어제저녁 이후로 꺼내보지 않았으니까 그 사이에 잃어버렸을 가능성이지."

"그러면 지금 확인해 보세요."

A가 지갑을 꺼내 존재에게 카드를 보여준다.

"이것 봐. 여기 잘 있지."

"그러면 지금 아저씨가 카드를 가지고 있을 가능성은 얼마에요?"

"100퍼센트지."

"아저씨. 100퍼센트짜리 가능성은 가능성이 아니죠. 그것은 지갑에 있다는 확인이에요. 조금 전에 지갑을 열어보기 전에는 두 가지 가능성이 있었어요. 그런데 지갑을 열어보는 순간 나머지 한 가지 가능성은 확인이 되고 나머지 가능성은 사라지게 되죠."

"그거야 당연한 얘기 아니니?"

"오늘 달이 뜰까요?"

"어제 집에 갈 때 달을 봤으니까 오늘도 볼 수 있겠지."

"그러면 오늘도 밤하늘에 달이 떠오를 가능성은 얼마죠?"

"그야 당연히 100퍼센트지."

"100퍼센트는 가능성이 아니라니까요. 그것은 확인이에요."

"달은 카드하고 경우가 틀리지. 수십억 년 동안 달은 지구 주위를 돌고 있었어. 그리고 정말로 사람이 거기에 가서 달을 직접 확인하고 돌아왔어. 분명히 달은 거기에 계속 있을 거야. 그러니 분명히 오늘도 달은 밤하늘에 떠오를 거라고."

“그렇지 않아요. 달도 아저씨 지갑에 있는 카드와 다를 것이 없어요. 떠오를 가능성이 매우 높을 뿐이에요. 만약에 달 만큼 큰 혜성이 달과 충돌해서 달이 사라진다면 어떻게 되죠? 다만 그럴 가능성이 희박한 것이지 오늘 밤하늘에 달이 떠오르지 않을 수도 있지 않겠어요?”

“그러면 오늘밤에 달이 떠오르는 것이 확인 되어야 ‘달이 저기에 있다’라고 할 수 있다는 말이니?”

“그렇죠. 이 세상 모든 것은 확인이 되기 전에는 항상 가능성으로 남아있는 셈이에요. 사람은 태어나는 순간부터 죽어 간다고 할 수 있어요. 내일도 오늘처럼 살 수 있는 가능성이 어제보다는 조금씩 줄어드는 것이 되지요. 누군가 어느 대륙을 발견했다면 지구상에 없던 대륙을 만들어낸 것이 아니죠. 만약 태양의 행성이 8개까지만 발견되었을 때 ‘태양의 행성은 8개뿐이다’라고 말한다면 이것은 옳은 말이 아니에요. 그 후에 9번째 행성은 없던 것을 새롭게 창조해낸 것이 아니고 몰랐던 것을 발견했기 때문이죠."

"…."

"그래서 허상 아저씨가 살던 곳이 지구 말고 이 우주 어느 곳에 있을 가능성에 대한 생각을 해보자는 얘기에요."

NAMU.

가능성

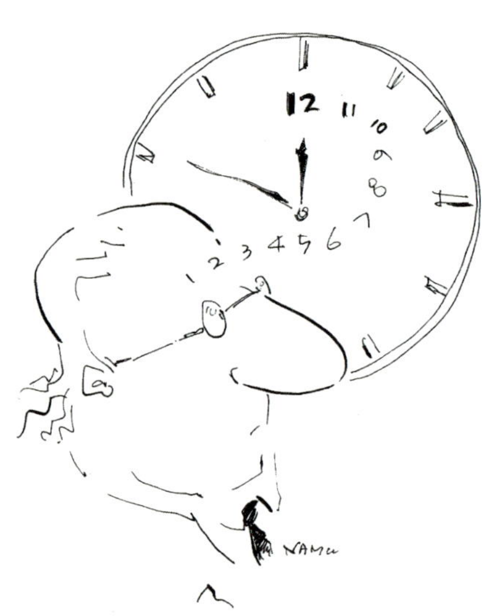

6일

"아저씨는 시간이 뭐라고 생각해요?"

"시간? 그건 흘러가는 거지. 누구에게나 공평하게 주어진 것. 누구도 막을 수 없고 되돌릴 수도 없는 뭐 그런 거 아닐까?"

"어디서 어디로 흘러가나요? 눈에 보이지도 않는데?"

"과거에서 현재를 거처 미래로 흐르지. 지금 너하고 얘기하는 이 순간에도 지나가고 있지."

"뭐가 흘러갔죠? 보이나요?"

"시간이 흘러갔지. 보이지는 않지만. 그건 시계와 달력을 보면 알 수 있는 것 아냐?"

"시계는 그저 만들어진 데로 돌아가는 기계일 뿐이고 달력은 사람이 넘기는 종이일 뿐이죠.

뭔가가 흘러가고 지나간 것은 사람이 그렇게 느끼기 때문이에요. 똑같은 시간이 즐겁고 행복할 때는 빨리 가는 것 같고, 누구는 1시간 같은 시간이 다른 사람에게는 2시간 같이 느껴지고, 이런 것이 다 사람들마다 제각기 시간에 대해서 주관적인 기준을 갖고 흐른다고 느끼기 때문이에요. 그래서 사람들끼리 그 느낌을 공유하고 맞추기 위해서 시각과 날짜 그리고 시계와 달력을 만든 것이고요."

"그러면 너는 시간이 뭐라고 생각하는데?"

"시간은 말이죠, 원래부터 있던 거예요. 공간이 여기 이렇게 있듯이. 흘러가는 것도 아니고 움직이는 것도 아니고 그냥 있는 것이죠."

"그게 무슨 말이니? 시간은 누구도 그 흐름을 막을 수 없어. 과거로 흘러간 시간은 되돌릴 수 없고, 앞으로 다가 올 시간을 거슬러 올라가 미래로 갈 수도 없어. 그건 너도 마찬가지고."

"하하하. 아저씨는 내가 누구인지 아직도 잘 모르는구나. 나한테 시간은 그냥 있는 것일 뿐이에요. 저기 산이 있고, 강이 있고, 지구가 있고, 별이 있고 우주가 있듯이 시간도 그냥 있는 거예요. 흘러가는 것이 아니라."

“아저씨. 제가 이야기 하나 할게요. 잘 들어보세요. 이 우주는 그 안에 있는 어떤 것도 제 멋대로 돌아다니는 것을 싫어해요. 그래서 움직이는 것은 그 상태로 계속 움직이고, 정지해 있는 것은 계속 정지해 있기를 바라죠. 그런데 사람은 그것을 몹시 답답해 했어요. 그래서 우주한테 청을 했죠. 돌아다닐 수 있게 해 달라고. 돌아다니되 아주 천천히 돌아다닌다고 그리고 오래 살지 않겠다고 했어요. 사람을 불쌍하게 생각한 우주는 사람한테 돌아다니는 것을 허락했어요. 그 대신 사람한테 한 가지 자유를 박탈했지요. 그건 바로 시간으로부터의 자유지요. 그래서 사람은 그때부터 시간에 구속되어 살고 있는 거예요. 흐르는 시간을 막을 수 없다고 느끼면서.”

“우리가 빨리 돌아다니면 어떻게 되는데?”

“너무 빠르게 돌아다니면 무게는 점점 무거워지게 되고 길이는 점점 짧아져요. 만약에 빛처럼 빠르게 움직이면 무게는 너무 무거워져서 그만 무한대가 되고 길이는 줄어들어 없어지게 되죠. 그리고 시간이 흐르지 않고 그냥 있게 되요. 과거도 미래도 없이 항상 현재만 있죠. 이게 진정한 시간의 모습이고요. 사람은 도저히 그렇게 빨리 돌아다닐 수 없어요."

"그런데 왜 갑자기 시간 이야기를 하는 거지?"

"우주 공간을 설명하기 위해서죠. 이제 차원이라는 것에 대해서 이야기할 때가 된 것 같네요."

"그건 나도 대충 알지. 3차원, 4차원 뭐 이런 이야기 아냐?"

"좀더 여러 가지 이야기를 해야 하니까, 참고 들어보세요."

"땅바닥을 기어 다니는 벌레는 새가 위에서 날아와서 쪼아대는 이것을 이해 못하죠. 벌레는 평면만 다닐 수 있으니 위나 아래와 같은 단어가 벌레에게는 없어요. 앞뒤, 좌우도 아닌 곳에서 나타난

새가 초자연적으로 느껴지겠죠? 그런데 그 벌레가 공부를 열심히 해서 기하학을 깨우쳤는데 어느 날 이 벌레가 수박 위를 돌아다니게 됐어요. 수박 꼭지에서 출발한 이 벌레는 밑으로 내려가서 제일 밑에 도착해서 거기서 90도 방향을 돌려서 온 거리만큼 또 올라갔어요. 그런데 도착하고 보니 출발한 곳으로 돌아왔다는 것을 알았어요. 벌레는 도저히 납득이 가질 않겠죠?"

"그러니까 인간은 3차원만 알 수 있지만 그 이상의 차원은 느끼거나 알 수 없다는 거지? 그게 허상 씨와 무슨 상관인데?" A는 존재의 이야기가 지루해지려고 한다.

"아직 조금 더 이야기를 해야 돼요."

"아저씨는 우리 세상이 몇 차원일 것 같아요?"

"3차원이지. 전후, 좌우, 상하 이렇게 3가지 축으로 모든 것을 나타낼 수 있는데 어떤 사람들은 4차원도 있다고 하지만 사람이

살아가는 데는 상관없지.”

“그럼 4차원은 3차원에 뭐가 더 있는 거죠?”

“나머지 하나는 시간이지.”

A는 C가 시공간 얘기를 한 것이 떠올랐다.

“시간을 포함한 4차원은 무엇을 의미하는 것 같아요? 3차원하고 뭐가 다르죠?”

“….”

“지금 교통사고가 날 예정이라고 가정해 보죠. 오후 4시 15분에 아저씨가 찻길 한 가운데 서 있는데 앞에서 차가 달려오고 있어요. 사고를 피하려면 아저씨는 어떻게 해야 하죠?”

“옆으로 피하면 되지”

“그렇겠죠. 사고가 날 시간과 사고 장소가 일치하는 순간 그곳에 서 있으면 사고를 당하게 되는데, 아저씨는 장소를 이동해서 사고를 피할 수 있게 되는 거죠."

"당연한 얘기지." A는 고개를 끄덕이며 말한다.

"그럼 아까 우주 이야기로 돌아가서 사람이 돌아다닐 수 있는 자유를 얻고 시간으로부터의 자유를 잃은 대신 반대로 시간에 대한 자유를 얻고 공간에 대한 자유를 잃었다면 이 교통사고는 어떻게 피할 수 있을까요?"

"글쎄? 시간을 피하면 되나?"

"그렇죠. 공간에 대한 자유가 없으니 그 장소를 피할 순 없고 대신에 시간에 대한 자유가 주어졌으니까 시간을 피할 수 있죠. 오후 4시 15분 1초나 오후 4시 14분 59초로 이동하면 되죠."

"그런데 시간을 피한다는 것이 상상이 안 되는데?"

"어차피 사람의 생각으로는 조금 이상하지만 비유를 하면 그렇다는 거죠. 결론은 4차원이라면 장소 뿐만 아니라 시간을 이동해서도 교통사고를 피할 수 있다는 말이죠."

"그거 말 되네. 너는 그런 걸 어떻게 아니?"

"저는 모든 것을 알고 있어요."

"더 이상한 얘기를 해 볼까요?"

"지금까지도 복잡한데 뭐가 또 더 이상한 얘기가 있어? 한번 해봐."

"어차피 시간하고 공간은 다른 것이 아니라는 얘기에요."

"그건 또 무슨 소리야?"

"우주 안에서 마음대로 돌아다니려면 한 가지 자유는 포기해야 하죠. 시간에 대한 자유를 포기하든지 아니면 공간에 대한 자유를 포기하든지. 그렇지만 그 양쪽은 서로 간에 차이점이 없어요. 시간은 흐르는 것이라고 생각하는 사람은 공간을 마음대로 돌아다니고, 시간을 마음대로 돌아다니게 되면 공간은 흐르는 것이라고 느끼게 되요.

그러나 서로 간에 차이는 전혀 없어요. 평면 좌표에서 X축과 Y축의 차이가 없는 것처럼 시간과 공간은 서로 같은 의미죠. 마치 sin곡선과 cos곡선이 90도 위상 차이만 있고 똑같은 것처럼 말이에요."

"무슨 소린지 잘 모르겠는 걸?"

"그럼 좀 이따가 마저 설명할게요."

"이제 그럼 조금 다른 얘기를 해보죠."

"아저씨. 이게 무슨 사진 같아요?"

존재가 사진을 한 장 내민다.

"야구공이네"

"그냥 야구공이 아니고, 투수가 포수를 향해 던진 야구공이에요."

"이 공의 상태를 설명하려면 아까 아저씨가 말한 대로 3차원에서는 3개의 축만 있으면 되죠. 쉽게 얘기해서 포수를 중심으로 가로,

세로, 높이와 관련된 길이만 있으면 설명이 된다고 볼 수 있죠."

"그야 당연하지."

"그게 다 일까요?"

"또 뭐가 필요한데?"

"이 공은 투수가 커브 볼을 던진 공이에요. 그러면 이 공의 상태를 설명하려면 뭔가 더 필요하겠죠? 가로, 세로, 높이의 길이만 가지고는 이 공의 회전 상태까지는 모두 설명 못하죠. 그래서 가로를 축으로 하는 회전 상태와, 세로를 축으로 하는 회전 상태 그리고 높이를 축으로 하는 회전상태가 필요하게 되죠. 그러면 이 공의 상태를 설명하려면 6가지가 필요하게 되는 거죠."

"아아! 그럼 6차원이 필요한 거네."

"이제 이해를 하는군요. 그런데 그게 다가 아니에요. 만약에 이 공이 진동을 하고 있다면 6가지로는 충분히 설명을 못해요. 그래서 가로 방향으로 진동하는 상태, 세로 방향으로 진동하는 상태 그리고 높이 방향으로 진동하는 상태를 알아야 해요. 그러면 9가지 요소가 필요하죠. 그런데 이 공이 얼마의 속도로 날아가는지는 알 수가 없네요. 그래서 속도를 나타내는 성분도 필요하죠."

"속도가 '-'이면 타자가 쳐서 반대로 날아가는 것이 되겠네."

"이제 아저씨도 이해를 하네요. 그리고 이 공이 점점 빨라지는지 아니면 점점 느려지는지도 표현해야죠. 그럼 11가지가 필요하죠."

"그러면 이 사진은 무슨 사진 같아요?"

존재가 똑같은 사진을 보인다.

"같은 사진이네 뭐."

"아니에요. 이건 다음날 투수가 던진 공의 사진이에요. 앞의 11가지 요소가 모두 같지만 한 가지, 바로 시간이 틀린 사진이에요."

"와! 그러면 야구공 하나의 상태를 설명하는데 12가지가 필요하겠네?"

"그런데 공의 빠르기와 점점 빠르기에는 모두 다 시간의 요소가 포함되어 있어서 이 두 가지는 빼도 상관없어요. 그래서 공 하나의 상태를 표현하는 데는 시간을 포함해서 10가지 요소가 필요해요."

"공의 무게도 필요하지 않을까?"

A는 으쓱거리며 말한다.

"무게는 말이죠. 시간에 포함시키면 돼요."

"무게하고 시간이 무슨 관계인데?"

"무게가 뭐죠? 질량을 말하는 것 아닌가요?"

"그렇지."

"질량은 공하고 지구가 서로 끌어당기는 힘인데 이것은 바로 중력이거든요. 중력은 바로 가속도이고, 가속도는 점점 빠르기에요. 아까 공을 설명할 때 점점 빠르기는 필요 없다고 했죠. 가속도에 시간 요소가 포함된 것은 아시죠? 속도도 그렇고.”

“여기서 다른 것들은 알겠는데, 이 시간이라는 것은 영 감이 안 오네. 시간이 포함된 차원은 잘 모르겠어.”

7일

허상의 상태는 점점 나빠지고 모든 검사를 해도 원인을 알 수가 없다. 그나마 영양제 투여액의 반 정도만이라도 흡수하는 것이 다행이라고 내과 과장은 말한다.

"허상 아저씨는 점점 더 아파 보이네요."

"그런데 허상 씨를 자기 집으로 보낼 수는 있는 거니?" A가 걱정스럽게 물어본다.

"아저씨. 모든 것은 아저씨의 믿음에 달려있어요."

"너는 방법을 알고 있는 것 같은데, 네가 직접 해보지 그러니?"

"저는 모든 것을 알지만 할 수 있는 것은 아무것도 없어요. 그리고 누가 저를 믿겠어요. 아저씨를 이해시키는 것도 어려운데. 허상 아저씨의 실체를 이해하는 사람이 꼭 필요해요. 그 사람이 바로 아저씨에요."

"…."

"이제 조금만 더 제 얘기를 이해하면 돼요."

"자, 이번에는 눈을 감고 커다란 유리상자를 상상해 보세요."

"그 유리상자 한쪽에 점을 하나 찍고 맞은 편 유리의 같은 위치에 같은 크기의 점을 찍었다고 생각하세요. 그 유리면 쪽에서 보면 반대편의 유리면에 있는 점은 겹쳐서 점은 하나로 보이겠죠? 그런데 유리상자를 90도 돌려서 보면 두 점은 다 볼 수가 있게 되죠. 다시 유리상자를 원래대로 90도 돌려서, 이때 만약에 아저씨가 점을 찍지 않고 처음부터 점이 찍혀있었다면 그 점이 한 개인지, 두 개인지 모르겠죠?"

"그렇겠지. 90도 돌려보기 전에는."

"점이 몇 개인지 뿐만 아니라 점의 위치가 어디인지도 잘 모르겠죠? 유리면에 있는지, 아니면 유리상자 중간에 점이 찍힌 유리면이 또 있는지, 한쪽에서만 봐서는 잘 모르겠죠. 혹시 잘 관찰해서 '어디쯤에 있을 가능성이 있다'라고 말할 수는 있겠죠."

"그럼 이제부터 잘 들어보세요."

"점이 하나로 보이는 쪽이 공간 축 쪽에서 바라본 것이고, 90도 돌려서 점이 두 개 다 보이는 쪽이 시간 축 쪽에서 바라본 것이 되는 것이에요. 시간 축 쪽에서 바라본다는 것은 즉, 점이 두 개 다 보이는 유리면 쪽에서 바라본다는 것이고 이것은 공간이 펼쳐 있는 상태에요.

이 공간에는 어제 얘기한 10가지 중에 시간만 뺀 나머지 9가지가 포함된 것이에요. 이쪽에서는 공간상의 간격만 알 수 있고 두 점 사이의 시간의 간격은 모르죠. 다시 90도를 돌려서 공간 축 쪽에서 바라보면 이것은 시간이 펼쳐있는 상태에요. 찍힌 점이 어느 시간에 있다는 것은 알 수 있지만 공간상으로 어느 위치에 있는지는 모르죠. 지금까지 무슨 말인지 이해가 되세요?"

"그래. 지금 머리 속으로 열심히 그려가고 있다. 계속 해봐."

"이게 무슨 말인가 하면, 두 점이 공간상으로는 간격이 떨어져

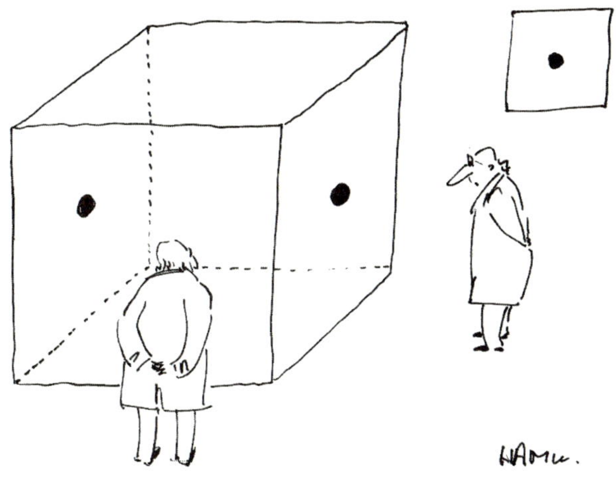

있지만, 시간상으로는 겹쳐있는 것이죠. 다시 말하면 동시에 서로 공간적으로 간격이 있는 두 곳에 점이 있다는 말이 되겠죠."

"다른 경우를 생각해 볼까요?"

"아직 점을 안 찍은 두 유리면이 남아있죠? 이번에는 그 두 유리면에 같은 방법으로 점을 찍고 시간 축 쪽에서 보면 두 점이 겹쳐 보이고 공간 축 쪽에서 보면 두 점 다 볼 수 있을 거예요. 이 경우는 두 가지 다른 시간에 공간적으로 같은 곳에 점이 있는 경우가 되는데, 어제 보여드린 야구공 사진에서 날짜가 틀린 두 야구공 사진이 이 경우에 해당되는 거죠. 그런데 만약에 동시에 다른 두 곳에 같은 야구공이 있는 것은 상상하기 좀 어려울 거예요. 그렇죠?"

"말은 알겠는데 그림은 안 그려지네."

"그건요, 아저씨가 시간에 대한 자유를 박탈당하고 살기 때문에 경험할 수 없는 것이라서 그럴 거예요. 사람이 돌아다니는 것을 허락 받은 순간 시간으로부터 구속당하고 대신 드넓은 공간을 얻게 된 것이죠. 그런데 이 4차원 우주는 앞의 두 가지가 모두 가능한 곳이랍니다. 한 점이 다른 두 시간에 같은 곳에 있을 수 있고, 한 점이 다른 두 곳에 같은 시간에도 있을 수 있다는 말이에요. 저번에 시간하고 공간이 다른 것이 아니라고 한 얘기 생각나죠? 즉, 어느 것을 시간 축으로 하건 어느 것을 공간 축으로 하건 같다는 건데, 그래서 시간이나 공간은 같은 의미고 결국엔 시간을 공간으로 또 공간을 시간으로 바꿀 수도 있게 된다는 얘기에요. 사람이 빛처럼 빠르게 움직일 수 있다면, 이런 것을 자연스럽게 볼 수 있지만, 불행하게도 사람은 그렇게 빠르게 돌아다니는 것이 불가능해요. 그건 허락 받지 못했어요."

"사람은 그런 것을 경험할 수 없어?"

"그런데 신기하게도 아주 작은 세상에서는 사람도 이런 현상을 볼 수 있어요. 빛을 잘 관찰하면 가능해요."

"그리고 아주 오래 전에 아저씨 몸의 일부는 빛이었을지도 모르죠. 다만 그것을 기록하는 장치가 이 우주에는 없는 것이 아쉽지만."

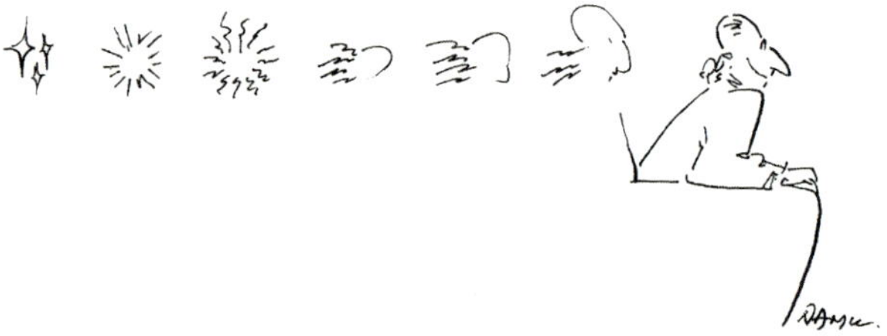

"내가 빛이었다고?"

"아주 오래 전에 그랬다는 거예요. 이 우주 안에서 새로운 것은 아무 것도 없어요. 원래 있던 것들이 다만 그 옷을 갈아입고 재활용될 뿐이죠. 질량은 에너지로, 에너지는 질량으로. 이렇게 끊임없이 모양을 바꿔가며 지내왔어요. 그러니 아저씨의 몸의 일부는 아주 먼 과거에는 엄청난 빠르기로 우주를 떠돌아다니는 빛이었을지도 모르는데…, 혹시 그때 생각 안 나세요?"

"그러면 나도, 아니 내 몸의 일부는 언젠가는 또 다시 빛으로 변해서 4차원을 경험할 수 있겠네?"

"그럴 수 있죠. 언젠가는. 그러나 만약에 사람이 빛처럼 시간과 공간에 대해서 자유롭다면 이 세상에 살아갈 아무런 의미가 없게 되겠죠."

"그건 또 무슨 말이야?"

"사람에게 이 세상의 모든 가치는 시간의 유한성에서 나오는 것이죠. 생명은 사람이 시간을 마음대로 어찌할 수 없기 때문에 그 가치가 부여되죠. 그래도 조금이나마 영속적인 삶을 이어가기 위해서 지구상의 모든 생물은 자신의 유전자를 자손에게 물려주려고 하는 것 아닐까요? 그렇지만 그것이 얼마나 유지되겠어요? 우주는 사람에게 시간의 굴레를 씌워 놓고는 그저 무관심해요. 그 굴레 하나만으로도 사람은 이 우주에서 아무것도 할 수 없기 때문이죠."

"알았어. 이제 허상 씨 고향에 대해서 설명해봐."

"그럴 참이에요."

"이번에는 이 유리상자가 우주공간이라고 생각해보세요. 그 대신 유리면 같은 것은 없고 그냥 무한대의 공간이라고."

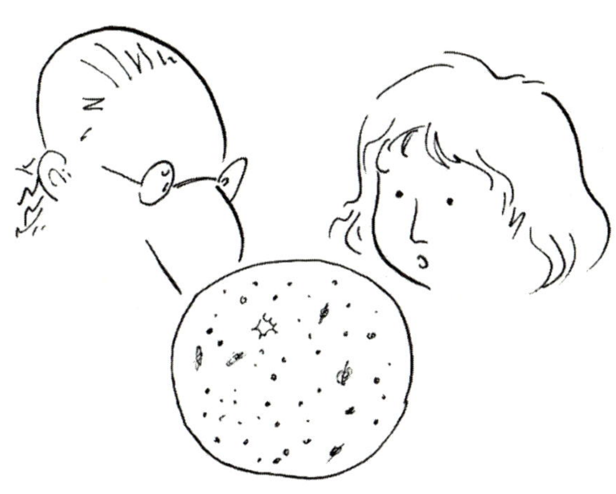

"무한대 공간?"

"네. 실제로 그렇지요."

"무한대는 아니고 계속 커진다고 하던데. 큰 폭발이 일어난 후에 우주는 팽창하고 있다고 배웠는데."

A는 또 학교 얘기를 하려다 그만둔다.

"하하하. 그것도 사람이 시간에 구속 받고 있기 때문에 폭발이니, 팽창이니 하는 생각을 적용하는 것이죠. 그렇지 않으면 도저히 설명이 되지 않죠. '우주는 언제 시작되었을까?' 이것도 시간이 흐른다는 생각에서 출발한 의문이죠. 우주는 시작되고 팽창하고 있는 것이 아니에요. 시간하고 같이 무한대의 크기로 원래부터 '존재'하고 있는 것이에요. 시작이 없이 원래부터 있었다는 것에 대한 불편함과 무한대라고 하는 것에 대한 불안정감으로 우주에 폭발과 팽창의 개념을 적용하고 있죠. 사람들에게는 시작과 끝이 없다는 것을 도저히 받아들일 수 없는 것이죠. 그래서 생각해낸 것이 폭발이고 팽창인가 봐요. 그래야 설명이 되니까. 그렇지만 아직도 폭발의 순간과 폭발 전의 우주에 대해서는 설명을 못하고 있지요."

"그래도 우주가 팽창하고 있다는 것은 과학적으로 밝혀진 사실인데?"

"이 우주는 그러한 폭발도 팽창도 수용할 만큼 무한대의 터를 제공하고 있어요. 무한의 공간적인 터로서의 우주와 그 터 안에 있는 모든 내용물로써의 우주는 구별해야 할 것 같아요. 내용물 우주가 폭발을 하건 팽창을 하건 우주의 터는 그러한 모든 것을 수용할 만큼 무한한 무대를 제공하고 있는 셈이죠. 만약 정말로 그런 폭발이 있었고 팽창을 하고 있다면 이 우주에서는 늘 그런 폭발과 팽창이 끝없이 이루어지고 있을 거예요."

A는 고개를 끄덕인다.

“자 그럼 이제 유리상자를 무한대의 우주 공간으로 바꿉니다. 그 유리상자에 찍은 점을 지구라고 생각해 보세요. 그리고 공간 축 쪽에서 바라보는 거죠. 유리 상자의 공간 축 쪽에서 보았을 때 점이 몇 개인지 어디에 있는지 알 수 없듯이 이때 지구는 어떻겠어요?”

A는 순간 멍해진다.

“지구가 하나 더 있을 가능성이 있다는 건가?”

“시간적으로 겹쳐 있다면 그럴 수 있겠죠? 그러나 좀 더 생각을 해야 해요.”

“그러니까 공간적으로는 간격이 있지만 시간적으로 겹쳐있다는 거야? 지구가 두 개 있다는 말이지?”

“각각 가능성으로 있다는 말이에요. 그렇지만 둘 중에 오직 하나만 확인할 수 있어요. 둘 중 하나를 확인하면 나머지의 가능성은 0퍼센트가 되고 마는 거죠. 그래서 지구에 살고 있는 사람에게는 지구를 확인했기 때문에 지구가 있고 그 행성이 있을 가능성은 사라지게 되고, 그쪽에 살고 있는 사람에게는 지구가 있을 가능성이 사라지는 것이 되요. 허상 아저씨가 거기서 그랬었고."

"그러면 허상 씨는 자기도 모르는 사이에 그곳이 아닌 지구를 확인해서 이쪽에 남게 되고 그곳이 사라진 것이 된다는 얘기인가?"

"이제 이해돼요?"

"그런데 어떻게 이곳으로 올 수가 있지? 그 먼 거리를."

"중요한 것은 공간적인 간격이 얼마나 떨어져 있느냐가 아니고, 시간적으로 얼마나 가까운 지가 될 거예요. 시간적으로 겹쳐있다면 그 행성과 지구가 시간적으로 만나는 경우가 될 것이고 그 순간에 허상 아저씨가 지구로 오게 된 것이지요."

"이것이 우주 공간이 휘어서 생기는 결과 아닐까? 수건을 반으로 접으면 끝과 끝을 서로 맞닿을 수 있듯이."

"아저씨. 두 지점 사이의 최단거리는 어떻게 알 수 있죠?"

"그거야 직선으로 가면 되지."

"4차원 우주에서는 아마도 직선은 빛이 이동하는 경로가 될 거에요. 그리고 '거리'라고 하는 것은 시간적인 의미가 포함되어 있거든요. 결국 두 지점을 잇는 최단거리라고 하는 것은 시간을 고려한다면 직선이 아니고 다른 모양이 되겠죠. 그래서 허상 아저씨의 그곳이 지구로부터 빛의 속도로 갈 때 수백 년이나 수억 년이라는 세월이 걸린다고 해도 지구와 그 곳까지의 진정한 최단거리는 사람의 걸음으로 한 발짝일 수 있다는 거예요."

A는 머리가 복잡해지고 혼란스럽다.

"이제 허상 아저씨를 보낼 방법은 아저씨가 찾아보아야 할 것 같아요. 저는 있는 사실에 대해서는 무엇이든 알지만, 뭔가를 할 수 있는 것은 없어요."

A는 저녁에 C를 다시 만난다.

"만약에 우주 어딘가에 지구와 똑같은 환경과 똑같은 인간이 있을 수 있을까?"

"너 요즘 우주에 대해서 관심이 많은 것 같다. 저번에는 태양 건너편 어쩌고 하더니. 혹시 환자를 많이 상대하다가 네가 돈 거 아니니?"

"그냥. 궁금해서."

"가능성이야 없다고 못하지. 별이 얼마나 많은지 알 수 없을 정도인데."

"그러면, 다 똑같고, 지구하고 모든 것이 좌우대칭인 행성이 있는데 그 행성에서 살던 사람이 지구에서도 살 수 있을까? 마치 거울 속 세상처럼."

“글쎄, 그건 좀 고려해야 할 게 있다고 생각해. 살 수는 있겠지만 한가지 문제가 있지.”

“무슨 문제?”

“아마도 오래 살 수 없을 거야. 내가 전에 어떤 책을 읽었는데 거기에 비슷한 내용이 있었던 것 같아. 뭐냐하면 생명체에는 아미노산이라는 것이 반드시 필요한데, 생명체에서 추출한 아미노산은 체인처럼 얽혀있는 구조로 이루어져 있거든. 인공적으로 이 아미노산을 만들면 생명체의 아미노산 체인의 구조와 대칭인 아미노산도 같이 만들어지게 되지. 그런데 이 인공 아미노산을 박테리아에게 먹였더니 반만 먹고 반은 먹지를 않았어. 먹지 않은 나머지 아미노산의 체인 구조가 생명체에서 추출한 아미노산과 대칭구조라는 것이지.”

"그게 어쨌다는 거야?"

"계속 들어봐. 이게 무슨 말이냐 하면, 지구에 존재하는 모든 생명체는 모두 동일한 아마노산 체인 구조라는 말이야. 지구에 생명체가 처음 생겼을 때는 두 가지 아미노산이 있었겠지만 어느 한 가지 아미노산 체인 구조를 가진 생명체들만이 살아남아서 진화를 한 결과 오늘에 이른 거지. 반대의 아미노산 체인 구조를 가진 생명체는 다른 생명체의 먹이가 될 수 없어. 그래서 그런 행성에서 온 사람은 지구에서는 먹을 것이 별로 없고, 인공적으로 만든 화학식품이라면 반은 소화하고 반은 소화를 못해."

경계면

8일

A는 생각해 본다

'허상이 살던 곳은 어디란 말인가? 도대체 어떻게 여기에 올 수 있었을까? 그리고 어떻게 돌아갈 수 있을까? 존재가 얘기한 대로 그 곳까지의 거리가 문제가 아니면 그 곳이 어디인들 문제가 안 될 것이고 시간적으로 겹쳐 있다면 지금 이 순간에도 그 행성이 여기에 같이 있다는 얘기인데 그것을 어떻게 확인할 수 있는 것일까? 내가 그 곳을 확인하면 그 순간 정말로 지구는 사라지고 그 곳에

남게 되는 것일까? 그러면 나도 허상처럼 그 곳에서 거울을 갖고 다녀야 하나?'

A는 점점 자신이 없어진다. 존재는 A에게 그 가능성을 믿으라고 했지만 A 혼자서 무엇을 어떻게 하라는 말인지 A는 답답하기만 하다. 허상이 이 세상 사람이 아니라면, 정말로 거울 속 같은 세상에서 살다 왔다면 여기서는 허상은 더 이상 살 수 없고, 정말로 허상은 영양실조로 언제 죽을지 모른다. 이 모든 것을 누구한테 얘기해야 하는지, 또 이 얘기를 누가 믿어준다는 말인지 A는 답답하다.

'왜 하필 나야.'

"아저씨. 어떻게 방법은 알아냈어요?"

병원 로비의 수족관같이 커다란 어항 앞에 있는 의자에 A가 앉아 생각에 잠겨있는데 언제 왔는지 존재가 옆에 앉아서 묻는다.

"혹시 어딘가에 문이 있을지도 몰라." A는 혼잣말처럼 중얼거린다.

"문이라뇨? 무슨 문 말이에요?"

"지구와 저쪽과 통하는 문 말이야. 그 문을 통해서 허상 씨가 왔을 거야. 그런데 그 문이 어디 있지? 어디서 그 문을 찾지?"

"겨우 문을 찾을 생각이에요?" 존재는 약간 실망스럽게 A를 바라본다.

"이를테면 문같은 것이 있지 않을까 하는 생각이지. 그 곳 시간과 지구 시간을 드나들 수 있는 문 말이야. 혹시 아니? 옛날 사람들은 그 곳과 지구를 정기적으로 혹은 어떤 목적을 갖고 드나들면서 왕래를 했을지. 그런 관계를 유지하다 어떤 이유로 왕래가 끊기고 드나들던 문도 사라졌을지도 모르지. 스톤헨지나 오벨리스크가 그런 문이거나 아니면 교통 방법을 기록해 놓은 어떤 상징물일지도 모르지.”

“그래서 아저씨는 영국이나 이집트에 가보게요?”

“내가 거기 간다고 뭘 알아내겠어? 그런 것은 아니고, 우리가 모르는 어떤 방법이 있지 않을까 해서…. 가끔 사람이 실종되고 큰 배나 비행기가 사라졌는데 잔해도 발견 못하는 경우에 지구에서 저쪽으로 이동한 것이 아닐까?”

“사람은 모를까, 배나 비행기가 이동했다면 엄청나게 큰 문일 것 같네요.”

“어쨌든 두 시간대가 겹쳐있다면 어디엔가 두 시간대가 맞닿은 시간적인 불연속면이 있을 거야.”

“그렇겠죠. 그런데 시간적인 불연속면이라면 그것이 어떤 공간적인 특정한 장소로 한정될 것 같지 않은데요?”

“무슨 말이지?”

“시간적인 것이라면 공간과 상관이 없다는 얘기에요. 저번에 말한 유리상자처럼 시간적으로 겹쳐있는 것은 공간적인 간격이 상관 없다고 했죠? 다시 말하면 아저씨가 찾는 문이나 면이라는 것이 어떤 특정한 장소에만 있어야 하는 것은 아니란 말이죠.”

“그러면 어디에서나 가능하다는 말이야? 지금 여기에서도 그렇고?”

“여기, 저기, 이런 장소의 문제가 아니라는 말이에요.”

“그러면 뭐가 중요한 거야? 도대체.”

“어떻게 하느냐가 중요하지 않을까요? 방법 말이에요.”

“시간이 없어. 지금 허상 씨를 그대로 놓아두면 언제 죽을지 몰라. 빨리 그 방법이라는 것을 찾아야 하는데…”

A는 커다란 열대어 어항을 물끄러미 바라보며 또다시 깊은 생각

에 빠져든다. A는 어항을 보면서 뭔가가 떠오르는 것 같아서 어항 쪽으로 천천히 다가간다. 어항 옆을 왔다갔다 하며 유심히 어항을 쳐다본다.

"가능할 것도 같은데?"

A는 혼자 중얼거리면서 자기 방으로 돌아간다.

9일

“시간적 불연속면이 있다면 이런 것을 생각할 수 있을 것 같아. 로비에 있는 어항을 보면서 생각난 건데”

A는 존재에게 설명을 시작한다.

“물이 들어있는 어항을 보면 보통은 어항의 반대편 쪽이 보이지만 어떤 각도에서 비스듬히 보면 어항의 반대쪽 면이 거울처럼 이쪽을 비추게 되지.”

“그런데요?” 존재는 눈을 반짝이면서 A 앞으로 바짝 다가간다.

"이게 뭐냐 하면 밀도가 다른 곳을 지나가는 빛은 경계 면에서 꺾이게 되고 각도를 점점 기울여서 임계각을 지나면 빛은 통과하지 못하고 경계 면에서 반사하게 되지. 어항 속의 물과 공기는 밀도가 틀려서 빛이 지나갈 때 이런 현상이 나타난다고. 그리고 임계각도에서는 빛이 통과하지도 않고 반사하지도 않아. 이때 빛이 물과 공기의 양쪽 경계 면에 있다는 것이야. 이것을 이용하면 가능할 것 같아."

"그걸 어떻게 이용해요? 허상 아저씨를 어항 속에 넣어야 해요?"

"그게 아니고 네 말대로 지구와 저 쪽이 시간적으로 겹쳐있다면, 그래서 두 시간대의 경계 면이 있다면 어항처럼 양쪽 면에 걸쳐있는 순간에 둘 중에 하나를 택하면 되지 않을까? 지구를 확인하든가 저쪽을 확인하든가. 그러면 나머지는 사라지고 확인한 곳에 남게 될 수 있지 않을까? 보통은 사람들이 시간적 경계 면을 아무렇지 않게 드나들지만 임계각도가 아니기 때문에 아무런 변화가 없는 걸 거야. 그러다가 잘못해서 임계각으로 경계면에 접근하면 허상 씨처럼 되는 거고."

"시간적인 경계 면이 왜 생겨요? 아저씨, 그냥 시간이면 시간이지."

"그건 네 말대로 시간과 공간의 위상이 바뀌어져서 그렇지. 시간과 공간이 꽈배기처럼 조금씩 꼬이다가 위상이 90도 바뀌어 버린 것이지. 그래서 서로 몰라보고 있을 거야. 우리는 sin 세상에 살고 허상 씨는 cos 세상에 살았었고."

"…."

존재는 말없이 미소만 지으며 A를 쳐다본다.

"그런데 시간적인 경계면을 어떻게 찾는다? 그리고 어떻게 그 임계각도를 알아내지? 각도를 알아냈다고 치고 또 어떻게 허상 씨를 보내지? 혹시 질량을 에너지로 바꿀 수 있으니까 허상 씨를 빛 에너지로 바꿔서 저쪽으로 보내면 어떨까?"

"아이 참, 아저씨도. 허상 아저씨를 어떻게 에너지로 바꿔요? 그리고 허상 아저씨가 영양실조로 체중이 많이 줄기는 했지만 그 무게를 에너지로 바꾼다면 아마도 지구가 통째로 날아가 버릴 걸요? 그리고 설사 에너지로 바꿔서 저쪽으로 보내면 그 다음에 어떻게 그 에너지로 허상 아저씨를 다시 복원해요? 그리고 허상 아저씨 머리 속에 있는 기억과 감정과 성품은 어떻게 되나요?"

"그럼 어떻게 해야 하는 거야, 도대체."

"아저씨. 그렇게까지 어렵게 생각할 필요 없어요."

"그럼 어떻게 해야 하는데?"

"시간적인 경계 면에서 이 쪽이든 저 쪽이든 하나를 선택하면 가능할 것 같다는 아저씨 생각이 맞아요."

“그러니까. 내 생각이 맞는다면 어떻게 해야 하냐고? 너는 모든 것을 알고 있다면서.”

“중요한 것은 그것을 아저씨가 믿느냐 하는 거죠.”

“믿을 거야. 정말로 굳게 믿을 거야.”

“그리고 저를 믿어야 해요.”

“그래. 너도 믿을게. 지금까지 존재를 의심해본 적 없어.”

“그러면 이제 중요한 결정을 해야 할 때가 된 것 같아요.”

“뭔데? 중요한 결정이.”

“오늘 밤에 허상 아저씨를 데리고 병원 밖으로 나가세요.”

“야. 그건 내가 할 수 없어. 퇴원은 내과 과장이 결정하고 원무과에서 퇴원수속을 밟아야 된다고. 지금 허상 씨 상태로는 절대로 퇴원 못 시킬 걸?”

“아저씨. 믿음이 필요하다고 했죠? 지금까지 아저씨에게 믿음이 생기도록 장황하게 이런 저런 많은 얘기를 했는데…. 아저씨 믿음이 제일 필요해요. 아저씨가 믿음이 없다면 누가 허상 아저씨를 집으로 보낼 수 있겠어요? 허상 아저씨를 퇴원시키라는 것이 아니에요. 데리고 나가라는 얘기에요. 아저씨가 아니면 저 상태로 있는 허상 아저씨를 누가 병원 밖으로 내보내겠어요?"

"밖으로 데리고 나오면 그 다음엔 어떻게 해야 하는데?"

"그 다음은 제가 할 일이에요. 저는 알아요. 시간적인 경계면도 알고 임계각도 알고. 그래서 제가 허상 아저씨를 데리고 저 쪽, 허상 아저씨가 살던 곳으로 갈 거예요. 그러니 저를 믿으세요. 존재를 믿고 그리고 가능성을 믿으세요."

"그럼 처음부터 그렇게 말을 하지 그랬어? 모든 것을 알고 있으니 허상 씨를 너한테 맡기라고."

"그렇게 얘기했다면 아저씨가 순순히 허상 아저씨를 저한테 맡

기겠어요? 지금도 아저씨는 망설이고 있는데.”

“….”

“그래서 아저씨가 저의 얘기를 믿도록 차근차근 설명한 거예요.”

“아무튼 아저씨가 모든 것을 믿는다면 오늘 밤에 병원 밖으로 허상 아저씨를 데리고 나오세요. 그 길 밖에는 없다고요.”

존재는 나가버린다.

A는 고민스럽다. 존재 말대로 허상을 병원 밖으로 데리고 나가는 것이 옳은 것인지 다른 좋은 방법은 없는 것인지.

‘허상은 여기 있으면 곧 죽을 거야.’

A는 허상의 입원실에 들러 본다.

“아. 선생님.”

허상이 게슴츠레한 눈으로 A를 바라본다.

“저는 누군가요? 정말로 미친 건가요?”

"미치지 않았어요. 허상 씨는 다른 세상에서 이 곳으로 잘못 온 것이 틀림없어요. 오늘 밤에 제가 허상 씨를 집으로 보내드릴게요."

"휴~. 내가 미쳤나?"

A는 허상의 병실을 나오면서 중얼거린다.

A는 야간근무 간호사가 모르게 허상을 부축하고 병원 밖으로 나온다.

"아저씨 정말 저를 믿는군요."

"그래. 그런데 이게 잘하는 짓인지 모르겠다. 허상 씨 데리고 나온 걸 누가 알면 나는 정말 끝장이다."

"그래서 아저씨의 믿음이 필요한 거예요."

"이 애는 누구지요?"

허상이 A와 존재를 번갈아 보며 묻는다.

"아아. 저는 존재에요. 제가 아저씨를 집으로 데리고 갈 거예요"

"무슨 말이죠?"

허상이 어리둥절한 표정으로 다시 A를 쳐다본다.

"존재가 저에게 허상 씨가 이 곳 사람이 아니라는 것을 알게 해 줬어요. 그리고 허상 씨의 집으로 가는 방법도 알고 있데요."

"정말 나를 집으로 보내줄 거지? 그렇지?"

"자 그럼 지금부터 어떻게 할래?"

A는 존재에게 모든 것을 맡기는 심정으로 묻는다.

"허상 아저씨. 그냥 제 손을 잡고 같이 가기만 하면 되요. 자 그럼 같이 가요."

존재는 허상의 손을 잡는다.

"잘 모시고 가라. 그런데 너는 거기 가면 어떻게 되니? 너도 거기서 거울이 필요하게 되는 것 아니야?"

"저는 거울같은 것은 필요 없어요. 혹시 그쪽에 가서 거울을 들고 다니는 이 곳 사람을 만나게 되면 데리고 올지도 몰라요."

"그래. 잘 가거라."

존재는 가는 듯싶더니 뒤를 돌아보고 말한다.

"아저씨. 혹시 데자뷰를 경험하면 시간의 경계 면에서 잠시 저

쪽 세상을 살짝 보았다고 생각하세요. 그럼 안녕!"

존재와 허상은 이제 더 이상 보이지 않는다.

A는 별을 보며 생각한다.

'그래. 허상은 이제 저기 어디에선가 실상으로 살겠지. 그리고 존재는 여기서 존재이듯이 우주의 어디서든 존재하고….'